AF226981

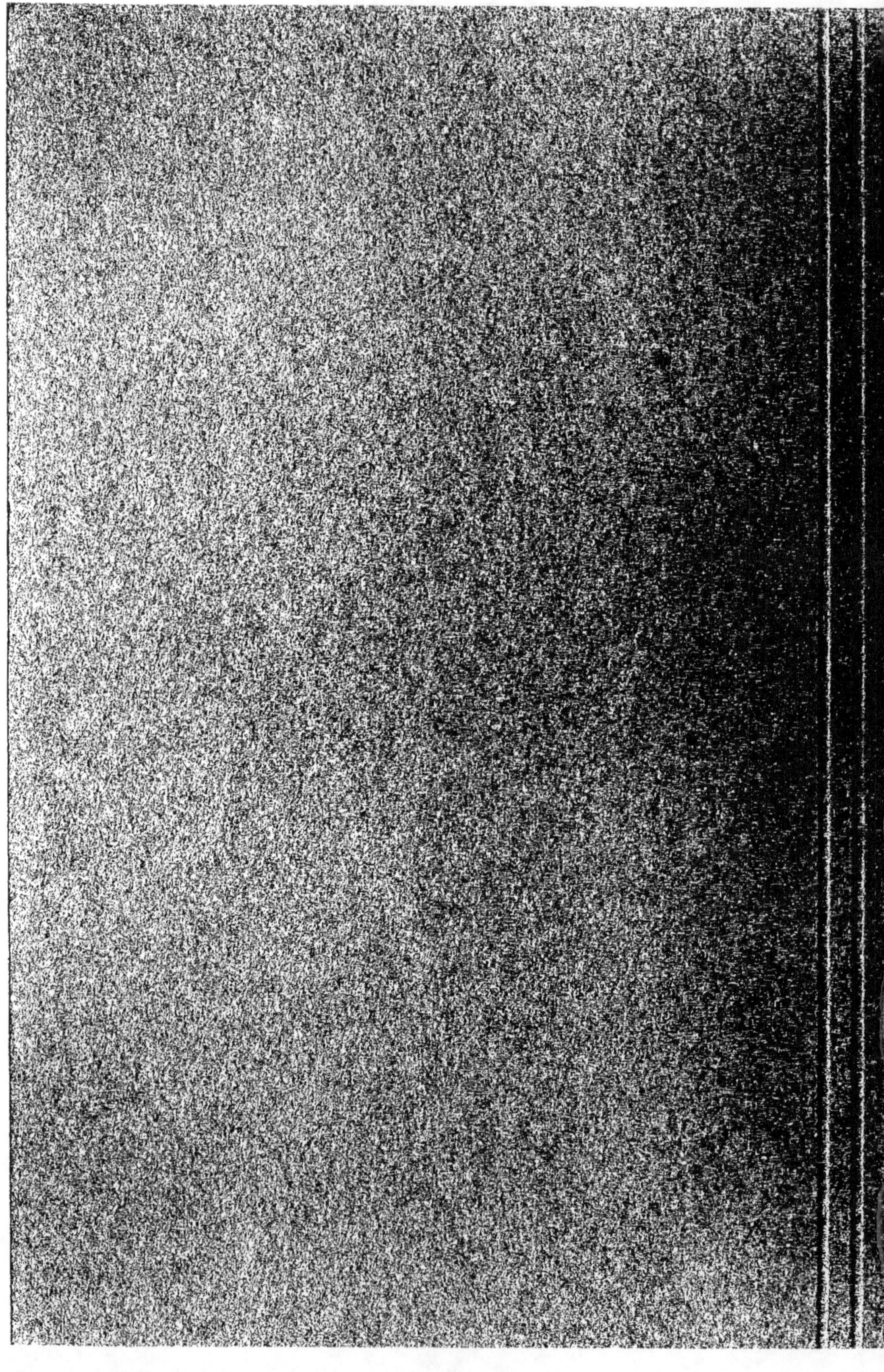

LA FRANCE

DRAMATIQUE

AU DIX-NEUVIÈME SIÈCLE,

Choix de Pièces Modernes.

Gaîté.

LA BOHÉMIENNE DE PARIS,

DRAME EN CINQ ACTES, MÊLÉ DE CHANT.

875—876.

PARIS.

C. TRESSE, ÉDITEUR,

ACQUÉREUR DES FONDS DE J.-N. BARBA ET V. BEZOU,

SEUL PROPRIÉTAIRE DE LA FRANCE DRAMATIQUE,

PALAIS-ROYAL, GALERIE DE CHARTRES, Nos 2 ET 3,

Derrière le Théâtre-Français.

1844.

LA
BOHÉMIENNE
DE PARIS,

DRAME EN CINQ ACTES MÊLÉ DE CHANT,

Par MM. GUSTAVE LEMOINE et PAUL DE KOCK,

Représenté pour la première fois, à Paris, sur le théâtre de la Gaîté, le 24 février 1844.

Personnages.	Acteurs.
LE CAPITAINE LAMBERT..	MM. DELAISTRE.
FERNAND DE MENDOZA, jeune seigneur portugais (jeune premier rôle).............	GOUGET.
M. MONTRICHARD, marchand de bois (premier comique)....................	SERRES.
ELÉONORE MONTRICHARD, son neveu (deuxième comique).....................	FRANCISQUE.
M. LE DUC DE BELMONTÉ..	JOSEPH.
LE CHEVALIER DE VILLAFLOR (rôle de genre).................................	SURVILLE.
M. D'HARVILLE, notaire..	EDOUARD.
UN TAPISSIER..	PRADIER.
UN ORFÈVRE...	GUSTAVE.
UN VALET...	FONBONNE.
LA MÈRE TRUCHOT, fripière..	GAUTHIER.
MADAME STUART (premier rôle, Célimène)...................................	MÉLANIE.
JULIETTE, fille de madame STUART (première amoureuse)......................	E. SAUVAGE.
DINA PEPIN, marchande de cravates......................................	LÉONTINE.
MADAME FRONTIGNAN, revendeuse à la toilette et tenant un hôtel garni..........	CHÉZA.
LA TANTE A ZIZI...	STÉPHANIE.
GERTRUDE BONHOMME, au service de madame STUART........................	LAGRANGE.
DÉDELLE BON-OEIL, somnambule..	H. GAUTIER.
HÉLOÏSE BACCHANAL, brunisseuse..	PAULINE.
ZIZI-CASSE-NOISETTE, jeune modèle.......................................	EDITH.
ZOÉ-LA-FLUTE, enfileuse de perles..	FANNY.
CARABINE, faiseuse de pattes de bretelles	
LAQUAIS de madame Stuart, personnage muet.	

MARCHANDES DE CRAVATES. — AGENS DE POLICE. — GENDARMES. — MARINIERS. — HOMMES ET FEMMES DU PEUPLE. — MASQUES.

ACTE PREMIER.

UN RAOUT CHEZ MADAME FRONTIGNAN.

Salon chez Mme Frontignan. Premier plan, à droite, cheminée, pendule et vases. Deuxième plan, même côté, porte communiquant à l'hôtel des *Trois-Pigeons.*—Premier plan, à gauche, cabinet. Deuxième plan, même côté, porte du magasin. Au fond, grande porte d'entrée, à côté, buffet; de l'autre, grande table en fer à cheval, couverte d'une nappe, et dessus tout ce qu'il faut pour le couvert. — Près de la cheminée, petite table ronde, chaises, etc., etc.

SCÈNE I.

Mme FRONTIGNAN, au cabinet.

C'est ça, mère Truchot... Tâchez de vous débarbouiller dans toutes ces vieilles nippes... C'est tout d'même un drôle de commerce que le mien!...

* Messieurs les Directeurs de province sont priés de ne pas supprimer les morceaux de chant, et de suivre exactement tous les détails de la mise en scène, qui a été indiquée avec soin. Toutes les indications sont prises de la droite de l'acteur. Les personnages sont placés au théâtre comme ils le sont en tête de chaque scène.

(NOTA DES AUTEURS.)

Le matin, de c'côté-ci (Elle indique la droite.), je suis Mme Frontignan, revendeuse à la toilette, louant cachemires, diamans d'occasion et autres. Le soir, adieu la boutique... je vais à ma toilette, je m'habille en femme comme il faut, je passe dans cet autre corps de logis (Elle indique la gauche.), à l'enseigne des *Trois-Pigeons*, je suis Mme Frontignan, tenant table d'hôte et hôtel garni. Et à propos de ça, mettons en ordre mon livret de service..... Le n° 2!... il a manqué. (Écrivant.) M. Fernand de Mendoza, mon jeune comte portugais... Il ne connaît personne à Paris... Où diable peut-il avoir dîné?... Deux Anglais envoyés par Dina, la marchande de cravates du bazar. (Elle écrit et cherche à se rappeler.) Le petit blond... sans café!... (Elle écrit.) La dame aux rubans jaunes, café... et eau-de-vie... (Elle écrit.) La dame au canezou vert... café... rhum et cigare!... Là... voilà tout en ordre... (Elle se lève.) Ah ça ! n'oublions pas que c'est aujourd'hui la sainte Perpétue, ma fête... et que ces demoiselles vont venir... Mais je crois les entendre...

FERNAND, dans la coulisse.

Par ici, capitaine, par ici...

Mme FRONTIGNAN.

Non... c'est la voix de mon jeune comte portugais. Ma table d'hôte est finie, que peut-il me vouloir?

SCÈNE II.

Mme FRONTIGNAN, FERNAND, LAMBERT.

FERNAND.

Venez, capitaine... Ah ! voici Mme Frontignan.

Mme FRONTIGNAN.

Quoi, c'est vous, monsieur le comte!

FERNAND.

La table d'hôte est finie, madame... mais je vous serai obligé de me faire servir à dîner pour deux... Et tenez, pour moins vous déranger, nous serons fort bien dans ce petit salon.

Mme FRONTIGNAN, à part.

C'est que ça me dérangera beaucoup au contraire. (Haut.) Mais si monsieur le comte voulait, il serait bien mieux dans sa chambre... où je lui ferai faire un bon feu , et...

FERNAND.

Eh bien ! dans ma chambre.... comme vous voudrez...

Mme FRONTIGNAN, vite.

Je vais donner des ordres.... Si monsieur le comte... veut bien attendre un moment...

FERNAND.

Très bien, très bien... nous attendrons...

(Mme Frontignan sort en saluant, par la porte de l'hôtel.)

SCÈNE III.

LAMBERT, FERNAND.

FERNAND.

Combien je vous remercie, capitaine, d'avoir accepté mon invitation... Après le service que vous m'avez rendu...

LAMBERT, d'un ton bref et grave qui doit contraster avec l'air ouvert de Fernand.

Ne parlons donc pas de ça , ça n'en vaut pas la

peine... Vous vous trouviez assis près de moi au café Lemblin... vous vous levez pour chercher un journal... un monsieur prend votre place... vous la réclamez, c'est trop juste... Le monsieur voit que vous êtes étranger et veut parler plus haut que vous... Je m'interpose... il fait l'insolent... je le prends par le collet et je vais le poser plus loin... voilà tout... Ah ! je les connais, ce n'est pas dangereux... Ça crie, ça ne mord pas.

FERNAND, l'examinant.

Je ne saurais vous dire, capitaine, combien votre caractère me plaît.

LAMBERT.

Eh bien ! parole d'honneur, vous me revenez beaucoup aussi.

FERNAND.

Vrai?

LAMBERT.

Le capitaine Lambert ne dit jamais que ce qu'il pense, et notre connaissance, je l'espère, ne s'arrêtera pas là... J'occupe un logement fort modeste, quai de la Tournelle. Je n'ai que ma petite pension de capitaine et ma croix... mais ça me suffit, Dieu merci ! Et il m'en reste encore assez , pour rendre les politesses que j'accepte d'un ami... Ah ! ça, comment vous nommez-vous?

FERNAND.

Fernand de Mendoza.

LAMBERT.

Ah ! nous sommes dans la noblesse !...

FERNAND.

Est-ce que cela vous contrarie ?

LAMBERT.

Moi... pas du tout... (Il lui prend la main.) Ça m'est égal... Et sans doute, c'est par ordre du papa ou de la maman que nous voyageons?

FERNAND.

Je suis orphelin, capitaine... j'ai à peine connu ma mère et j'ai perdu mon père, il y a deux ans.

LAMBERT.

Orphelin... à votre âge!... Pauvre jeune homme, je vous plains...

FERNAND, tristement.

Oui , je suis libre... j'ai un titre !... de la fortune, et pourtant, capitaine , il y a des jours , où je suis l'homme le plus malheureux !

LAMBERT.

Tenez, vous me faites l'effet d'un beau ténébreux qui avez laissé quelque passion en Portugal...

FERNAND.

En Portugal?... non, capitaine...

LAMBERT.

Ah ! alors il paraîtrait que c'est ailleurs? (Fernand sourit.) J'ai deviné, n'est-ce pas ? Ah ! c'est que les passions !... Je connais ça... et souvent ça fait bien du mal !...

FERNAND, vivement.

Vous avez aimé, capitaine ?

LAMBERT.

Souvent! Une fois surtout... Ah! c'était chaud, très chaud... j'avais reçu l'atout!...

FERNAND.

Contez-moi donc cela, capitaine?

LAMBERT.

Volontiers... confidence pour confidence. C'était en 1826, en Espagne... nous avions terminé notre promenade, au soleil... vous savez... et pris nos quartiers d'hiver à Cadix... Comme il ne passait aucun boulet rouge pour allumer nos cigares... il fallait bien tuer le temps... Nous pinçions de la guitare et nous roucoulions des sérénades... J'avais même une assez jolie voix... (Souriant.) Elle s'est un peu enrouée depuis. Nous étions invités dans tous les salons... On se disputait à qui nous aurait... C'est là que je connus ma belle Juana!...Mais elle avait pour père. . un des plus riches banquiers de Cadix... un véritable Espagnol, pur sang, qui avait horreur des Français!... Vous comprenez que je ne lui plaisais guère... Ça m'était bien égal... je plaisais à sa fille, c'était l'essentiel... Oh! je l'aimais ma Juana, comme vous pouvez aimer, mon jeune ami... Pour passer un quart d'heure avec elle, je bravais les dagues, les poignards... je jouais ma vie comme si j'en avais eu une douzaine... Mais un jour... je fus chargé d'une mission qui m'éloigna de Cadix quelque temps... et, à mon retour...

FERNAND.

Eh bien?

LAMBERT.

Le père et la fille avaient disparu... Je ne trouvai qu'un billet de Juana, où elle me disait que son père nous séparait, mais qu'elle ferait tout pour rejoindre, même en France, celui qu'elle regardait comme son époux... Et depuis, je n'en eus plus de nouvelles!... Pauvre Juana! il l'aura sans doute emmenée aux Indes (car il y avait des possessions), et peut-être est-elle morte là-bas, pendant que, moi, je l'attendais ici.

FERNAND.

Mon pauvre capitaine!

LAMBERT, ému.

Ah! il y a des jours où, quand je pense à tout cela, je suis comme un enfant!... Mais voyons, parlons de vous... cela vaudra mieux... C'est une belle brune, n'est-ce pas?...

FERNAND.

Non, capitaine, une blonde... dix-sept ans, une physionomie si douce!... tant de candeur, de modestie!...

LAMBERT.

Ah! diable!... faut prendre garde... on est volé...

FERNAND.

Elle était venue passer les vacances à Versailles... chez une de ses amies de pension... car sa mère, Mme Stuart, était alors en voyage.

LAMBERT.

Hein?... Quoi! Mme Stuart! sa mère...

FERNAND.

Ah! capitaine, est-ce que vous connaîtriez Mme Stuart. . et sa fille Juliette?...

LAMBERT.

Si je la connais!... Juliette, la fille de madame Stuart! la fille du brave colonel qui, en Espagne, m'a sauvé la vie!...

FERNAND.

Que dites-vous?

LAMBERT.

Oui, mon jeune ami, il y a quelque temps, dans une maison où je me trouvais, j'entends annoncer Mme Stuart... Je m'avance vivement... Eh! quoi, madame, seriez-vous parente du brave colonel Stuart, mort sous mes yeux en Espagne?... —Je suis sa veuve, me dit-elle... Sa veuve!... Je pouvais donc enfin acquitter ma dette... Dès ce jour, je jurai d'aimer, de protéger la femme et l'enfant de celui qui n'était plus, et à qui je devais la vie; et dès ce jour, Mme Stuart et Juliette n'eurent plus d'ami plus dévoué que moi!

FERNAND, lui sautant au cou.

Quelle heureuse rencontre!... Capitaine, vous parlerez pour moi... vous me présenterez... vous me protégerez... n'est-ce pas?

LAMBERT, se dégageant.

Ta ta ta... Comme vous y allez, mon jeune ami... Il faut que je sache, d'abord, si ce bel amour-là convient à Juliette...

FERNAND.

Oh! capitaine, je l'espère, et je vous raconterai...

Mme FRONTIGNAN, rentrant.

Ces messieurs sont servis.

LAMBERT.

Vous me raconterez... à table.

AIR : Valse de Giselle.

FERNAND et LAMBERT.

Sans plus tarder allons nous mettre à table,
Là nous pourrons causer tout à loisir;
Et profiter du hasard favorable,
Qui dans ce jour a su nous réunir.

Mme FRONTIGNAN.

Sans plus tarder, ils vont se mettre à table,
Ils pourront là causer tout à loisir;
Et nous laisser ce salon favorable,
Où nous allons bientôt nous réunir.

(Fernand et Lambert sortent par l'hôtel.)

Mme FRONTIGNAN.

A présent ces demoiselles peuvent venir, nous pourrons nous amuser à notre aise... nous serons ici comme des petits amours... (On entend les jeunes filles.) Ah! cette fois, ce sont elles!...

(Elles entrent par le magasin.)

SCÈNE IV.

Mᵐᵉ FRONTIGNAN, ZOÉ, HÉLOISE, DÉDELLE, CARABINE, ZIZI, LA TANTE A ZIZI.

(Toutes les jeunes filles entrent en chantant, par le magasin, qui est au 2ᵉ plan à gauche, et présentent des bouquets à Mᵐᵉ Frontignan.)

CHOEUR.

AIR : Pantalon des Tuileries.

Se divertir,
Ah ! quel plaisir !
Votre fête
Sera complète.
Manger, danser,
Rire, causer !...
J'espère qu'on va s'amuser !...

Mᵐᵉ FRONTIGNAN.

Ici, sainte Perpétue
Est bien sensible à vos fleurs.

DÉDELLE.

Qu' son bonheur se perpétue,
Voilà le vœu de nos cœurs.

REPRISE.

Se divertir, etc.

Mᵐᵉ FRONTIGNAN, mettant les bouquets dans les vases de la cheminée.

Merci, mesdemoiselles, merci mille fois... Vos bouquets de fête sont charmans ; mais nous ne souperons pas avec ça, que je présume.

DÉDELLE.

Soyez donc tranquille, mame Frontignan..... nous avons un souper digne de chez Passoir.

Mᵐᵉ FRONTIGNAN.

Ah ! voyons ça, d'abord, ne nous embrouillons pas.... Toi, Dédelle Bon-OEil, qu'est-ce que tu as apporté ?

(Chaque demoiselle tire à son tour de son cabas ce qu'elle apporte, et va le porter sur le buffet.)

DÉDELLE.

Un pâté au jambon de chez mon cousin Pivot... qui est tout chaud...

Mᵐᵉ FRONTIGNAN.

Présent... le voilà... Toi, Zoé Laflûte ?

ZOÉ.

Trois boudins blancs.

Mᵐᵉ FRONTIGNAN.

Ils sont noirs... c'est égal... ça se mangera tout de même... Vous, mademoiselle Zizi Casse-Noisette ?

ZIZI, tirant une oie du cabas.

Une oie, madame... et ma tante... ouvreuse à l'Opéra-Comique... que je m'ai permis de vous présenter.

Mᵐᵉ FRONTIGNAN, avec politesse.

Elles sont bienvenues, toutes les deux. (On se salue.) Carabine ?

CARABINE.

Un pot de moutarde.

Mᵐᵉ FRONTIGNAN.

Bon ! ce sera pour les rafraîchissemens... Héloïse Bacchanal ?

HÉLOISE, d'un air triomphant.

Une bouteille de frontignan, en l'honneur de celle que nous fêtons...

Mᵐᵉ FRONTIGNAN.

Ah ! voilà qui est aimable et délicat !... Moi, je fournis de quoi faire le punch !...

TOUTES.

Du punch !... Vive mame Frontignan !

DÉDELLE.

Ah ça ! mais, et Dina ?...

Mᵐᵉ FRONTIGNAN.

Oh ! elle viendra, soyez tranquille.

L'OUVREUSE.

Qui ça ? Dina ? Dina Pepin, la marchande de cravates, qui vend z'au bazar de la pommade à l'ognon.

ZIZI.

A l'ours, ma tante. (On entend la voix de Dina.)

TOUTES.

La voilà, la voilà.

SCÈNE V.

LES MÊMES, DINA, MARCHANDES de cravates, amies de Dina.

DINA.

Et je n'arrive pas seule... j'amène avec moi tout le bazar.

AIR : Mont-Canigon.

Si je me suis fait attendre,
C'n'est pas ma faute vraiment,
Mais c'est que j'ai voulu prendre
Un petit plat succulent.
Pour être plus vite ici,
Cependant, Dieu merci !
Je me suis tant pressée,
Je suis à peine corsée,
Et j'ai manqué vingt fois, ce soir,
De m'étaler sur le trottoir.

CHOEUR DES MARCHANDES.

Si Dina s'est fait attendre.
C'nest pas sa faute vraiment.

DINA.

Bonsoir, Dédelle Bon-OEil, bonsoir, Zizi-Casse-Noisette, Zoé-Laflûte, bonsoir, tout le monde. (A part, apercevant l'ouvreuse.) Ah ! la tante à Zizi !... en v'là une scie... Madame Frontignan, v'là men bouquet !

TOUTES.

Qu'est-ce que c'est, qu'est-ce que c'est?

DINA.

Chut!... faut pas toucher!...

Mme FRONTIGNAN.

Oh! il embaume comme ta parfumerie...

DINA, triomphante.

Je l'crois bien !... un bouquet de Nérac truffé !...

Mme FRONTIGNAN.

Des truffes!... Ah! pour le coup, il ne manque plus que le champagne !

DINA.

Et vous en aurez!

TOUTES.

Du champagne !

DINA.

Oui, du pur *ouate*, ou de l'*ail*... ou du *Cellery, ad libitus !* Attention!... prêtez-moi vos ouïes. (Elles se rassemblent.—On dérange un meuble dans le cabinet.) Un instant... il y a donc des étrangers ici?...

Mme FRONTIGNAN.

Non... c'est rien... c'est la mère Truchot, la fripière, qui est là, dans le cabinet à trier de vieilles nippes.

DINA.

La mère Truchot?... la fripière qui est aussi logeuse sur le quai de la Tournelle... près Notre-Dame? je ne connais que ça... Une brave femme... Je fais des affaires avec elle... du courtage!... (D'un ton solennel.) Mais revenons au champagne.

DÉDELLE.

Ah oui ! au champagne.

DINA.

V'là ce que c'est... Un jeune provincial, dont j'ai la pratique... M. Éléonore Montrichard, filleul et neveu d'un riche marchand de bois de Ville-neuve-sur-Yonne, est venu à Paris, sous le pré-texte de faire son droit; il paraît qu'il a profité, ce jeune homme... car il est avocat *sagiaire*...

Mme FRONTIGNAN, reprenant.

Stagiaire, ma petite.

DINA.

Eh ben! oui, *sagiaire !*... Et comme il me fait plusieurs doigts de cour, ce matin, en lui vendant une cravate *factionnable* et plusieurs pots de pommade... à l'ours... je lui ai proposé d'être de notre petit souper; il a accepté avec ravissement!... Nous lui ferons payer du champagne.... (A part.) Et puis autre chose !... (Montrant sa robe.) J'ai mon idée !...

DÉDELLE.

J'en suis bien fâchée, ma chère, mais l'on ne peut pas recevoir ta pratique... Il a été fait une loi que les hommes étaient exclus ce soir... à preuve, mon cousin Pivot...

DINA, froidement.

Mais ce n'est pas un homme que je propose... c'est du champagne !...

LES JEUNES FILLES.

Oui, oui... c'est du champagne !

L'OUVREUSE.

L'un pourra z'être bu z'à la faveur de l'autre...

DINA.

Et vous verrez, mesdemoiselles, que mon petit provincial est très gentil... et surtout très galant... Pour s'annoncer, il chantera l'air de M. Duprèt, quand il joue *Ginevra*... aux Français.

DÉDELLE.

Quel dommage que Palmyre ne soit pas des nôtres !... C'est elle qui l'aurait fait tourner ton provincial !

Mme FRONTIGNAN, d'un air pincé.

Ah! oui, mais Palmyre... (Se reprenant.) c'est-à-dire Mme Stuart, est une trop grande dame à présent pour nos petites réunions... Ce n'est plus assez bon genre pour elle...

DINA, majestueusement.

Ah! halte-là, Frontignan!..... n'équivoquons pas sur Palmyre!... c'est mon amie !... c'est mon intime !..... Je n'ai pas plus de cervelle qu'une concombre, mais je comprends son génie, j'admire son génie !... je suis à quatre pattes devant son génie... Cette femme-là, c'est mon Bonaparte à moi!...   (Elle se croise fièrement les bras.)

Mme FRONTIGNAN, s'animant.

Est-ce que je ne suis pas aussi son amie, moi!... Il y a aussi long-temps que toi que je la connais... Témoin, quand elle vint soigner avec toi, cette dame espagnole, qui était si intéressante et qui mourut dans mon hôtel.

DINA, bas.

Chut donc!... Est-ce qu'on parle de ce temps-là ! c'est savonné... c'est repassé... c'est oublié.

Mme FRONTIGNAN.

C'est bon... c'est bon... Mais ça ne m'empêche pas de dire que ses nouvelles grandeurs lui font oublier ses anciennes amies.

DINA, très vite.

Bah! bah! Tout ça c'est des histoires... des paquets... des cancans... Palmyre n'est pas fière... C'est pas sa faute si elle est née pour briller, pour s'élever, pour rouler en équipage, tandis que nous végétons dans le cent trente-septième des-sous, le bal Saint-Georges et l'omelette soufflée ! Ah! je suis altérée... Je prendrais bien quelque chose.

Mme FRONTIGNAN.

Veux-tu de l'eau sucrée?

DINA.

Fi donc! ça m'écœure !... J'aimerais mieux du *punche*. Mesdemoiselles, si vous m'en croyez, nous dégusterons le *punche* avant le souper.

DÉDELLE.

Ça se fait dans toutes les bonnes maisons. Ça remplace l'absinthe avec avantage...

ZIZI.

Et c'est excellent pour la poitrine.

L'OUVREUSE.

Ça se trouve bien, moi qu'ai mal aux dents.

Mme FRONTIGNAN, à Dina.

Mais sais-tu le faire ?

DINA.

Si je sais faire le punche ! moi qui parle toutes les langues... Quelle question oiseuse !... Le punche et l'espagnol... glacé... je n'connais qu'ça. (Criant.) Qu'on me passe les ingrédiens ? (Elle se met à la petite table qui est devant la cheminée et prépare le punch.)

Mme FRONTIGNAN.

Ah! voilà la mère Bric-à-Brac!... Elle a enfin fini de trier ses nippes ! (Musique.)

<hr>

SCÈNE VI.

DINA, à la petite table, entourée de jeune filles, LA MÈRE TRUCHOT,* Mme FRONTIGNAN.

(La mère Truchot entre lentement et en traînant ses pas, comme une femme cassée par l'âge et la fatigue. Elle tient dans ses bras un énorme paquet de vieilles nippes de toutes espèces, qu'elle jette par terre au milieu du théâtre, sans dire un mot. Ce caractère sombre doit faire contraste avec la gaîté des jeunes filles, pendant ce premier acte.)

Mme FRONTIGNAN.

Eh ben ! mère Truchot, j'espère qu'en v'là de la marchandise.

Mme TRUCHOT, de mauvaise humeur, et après un silence.

Oui... et de la propre !...

Mme FRONTIGNAN.

Tiens, si c'était neuf... je n'irais pas vous chercher...

Mme TRUCHOT, montrant une robe.

Dites-moi un peu où y ont été traîner ça ?

Mme FRONTIGNAN.

Ça, c'est un superbe costume de bal, que je ne l'ai loué qu'une fois à une dame très distinguée, pour faire la descente de la Courtille...

Mme TRUCHOT.

Elle en est donc descendue dans le ruisseau ?

Mme FRONTIGNAN.

Voyons, voyons, combien me donnez-vous de tout ça ?

Mme TRUCHOT, examinant les nippes.

Tout ça est ben fané, ben passé, ben usé, ma

* Ce rôle doit être joué naturellement et sans charge, avec cette simplicité de bon goût que le public applaudit chaque soir dans madame Gauthier, la sœur de notre excellent Bouffé. (NOTE DES AUTEURS.)

chère... En vous donnant vingt francs du tout..... c'est plus que ça ne vaut.

Mme FRONTIGNAN, remontant au fond.

Ah! par exemple!... Mesdemoiselles...

(Les jeunes filles s'avancent.)

ZIZI, à droite.

Ah! c'est que la mère Truchot achète toujours pour rien...

ZOÉ, à droite.

Ce que la mère Truchot revend toujours le plus cher possible.

Mme TRUCHOT, à Zoé.

Qu'est-ce que vous en savez, vous, mamselle Laflûte? la mère Truchot ne vous a jamais rien vendu,... Vous n'avez jamais le sou !...

DINA.

Bon !... v'là qu'ça commence !... (Criant en fausset.) Des citrrrons !...

DÉDELLE, s'avançant à gauche.

C'est un si bon état que celui de fripeuse !...

Mme TRUCHOT.

Ne vaut-il pas bien le vôtre mamselle Bon-Œil, la *somnambule*, qui faites semblant de dormir, pour endormir votre monde !

DINA.

Attrape! (Criant.) Du sucrrrre.

Mme TRUCHOT, se tournant à droite.

Ne vaut-il pas bien le vôtre aussi, mamselle Casse-Noisette le *modèle*, qui allez poser chez les peintres.

L'OUVREUSE, passant entre la mère Truchot et Zizi.

Elle ne pose que pour les bras, madame !

Mme TRUCHOT, entre ses dents.

On ne vous demande pas pourquoi.

DINA.

Enfoncée la tante à Zizi ! (Criant.) du rrrrhume !

Mme TRUCHOT, s'animant.

Oui, je suis fripeuse... et je m'en vante... Et j'ai fait encore bien d'autres métiers !

AIR : Il a ta grâce et ton adresse. (Carlin à Rome.)

> J'ai travaillé dur, dans ma vie !
> Contre bien des maux j'ai lutté !
> Mais dans la rout' que j'ai suivie,
> N'a pas failli ma probité !
> Sous les fardeaux courbant ma tête,
> Je n'ai jamais manqué de cœur !...
> Et si j'ai traîné la charrette !
> Je l'ai traînée avec honneur !

DINA, venant vers la mère Truchot, pendant que Mme Frontignan porte au fond le paquet de nippes.

Ah! de ce côté-là, mère Truchot, tout le monde sait bien que vous êtes une honnête femme... et que vous avez de l'honneur !... Qu'est-ce qui dit que la mère Truchot n'a pas d'honneur ?

Mme TRUCHOT, élevant la voix.

Et cependant j'ai été jeune aussi, moi !

DINA.

Elle a été jeune la mère Truchot... Ah!

Mᵐᵉ TRUCHOT.

J'ai été gentille aussi, moi !

DINA.

Elle a été gentille la mère Truchot... Ah !

Mᵐᵉ TRUCHOT.

J'aurais pu m'amuser comme tant d'autres... mais je n'y pensais pas... car j'avais une fille...

TOUS, l'entourant avec intérêt.

Ah ! vous aviez une fille, mère Truchot ?

Mᵐᵉ TRUCHOT, très émue.

Et un beau brin de fille !... Quatorze ans !... Un vrai *Belzébu* pour la malice... et un vrai chérubin pour la figure !... Ma fille, ma Louise !... Je n'avais d'ambition que pour elle... pour elle je travaillais nuit et jour... c'était mon adoration !... mon idole !... et je l'aimais quasi plus que le bon Dieu !... Quand je l'avais embrassée le matin, je partais pleine de courage, et il n'y avait pas de besogne au monde qui pût me faire peur... et quand je rentrais le soir, écrasée de fatigue, je la prenais sur mes genoux... je regardais sa petite figure d'ange... qui me souriait... et j'étais délassée...

DINA.

Et vous l'avez perdue, mère Truchot ?

Mᵐᵉ TRUCHOT.

Elle m'a abandonnée !...   (Elle pleure.)

TOUTES.

Pauvre mère Truchot !

Mᵐᵉ TRUCHOT, essuyant ses larmes.

Ah ! c'est ma faute... je l'avais trop gâtée... trop mise dans du coton... C'était mon unique, voyez-vous... Je lui avait donné un bon état... blanchisseuse de fin, elle mordait même aux plis... très bien... mais elle faisait à sa bourgeoise des tours indignes, et pour s'excuser, elle nous contait des bourdes à dormir debout... Et puis, elle était devenue fière, elle rougissait de moi !...

DINA, très vite.

Ah ! c'est mal ça !... Je n'ai jamais connu mes père et mère, mais jamais je n'ai rougi d'eux.

Mᵐᵉ TRUCHOT.

Enfin, un jour je lui dis qu'elle me devait du respect... que j'étais sa mère à la fin de tout... que je l'avais portée neuf mois dans mon sein... Savez-vous celui qu'elle eut de me répondre : « Eh ! pardi, mettez-vous dans ma hotte, je vous porterai un an, vous me redevrez trois mois ! » Jour de Dieu ! la main m'échappa, et pour la première fois de la vie, je lui donnai... un soufflet.

DINA.

Elle ne l'avait pas volé !

Mᵐᵉ TRUCHOT.

Ah ! maudit soufflet... je l'ai bien regretté... car c'est depuis ce jour-là...

(Sa voix est coupée par les sanglots.)

DINA.

Allons, allons, ne vous faites donc pas de cha-

grins comme ça, mère Truchot... c'était pas une bonne fille... Puisqu'elle vous a abandonnée, faut l'oublier.

Mᵐᵉ TRUCHOT.

L'oublier !... Est-ce que je le puis ?... parce qu'elle m'a abandonnée, je n'en suis pas moins sa mère... (Sombre.) Et on est toujours... mère... jusqu'au tombeau.   (Elle pleure.)

Mᵐᵉ FRONTIGNAN.

Pauvre femme !

L'OUVREUSE, attendrie.

C'est comme quand on est tante... quand on l'est... l'on l'est.

DINA.

Elle est peut-être passée aux îles Marquises... où dans la Grèce... qui sait ? Vous la reverrez, vous la reverrez... Mesdemoiselles, le *punche* est fait, et il est très rafraîchissant.

(Les jeunes filles courent vers Dina et boivent.)

Mᵐᵉ TRUCHOT, s'essuyant les yeux.

Ah ! à propos, mesdemoiselles, vous qui connaissez tant de monde, vous pourriez p't-être me rendre un service... J'ai là un effet de cent écus... d'une mauvaise paie... et je ne peux pas parvenir à mettre la main dessus.

DINA.

Voyons... voyons votre effet... ça me connaît... j'ai tenu dans plusieurs maisons de commerce les livres en partie *trouble*...

Mᵐᵉ TRUCHOT, tirant un papier.

Signé mame Jules... Connaissez-vous ça ?

Mᵐᵉ FRONTIGNAN.

Mᵐᵉ Jules !... ma foi non !

DINA, à part, après avoir lu le billet.

Mᵐᵉ Jules !... Tiens... c'est drôle... est-ce que ce serait la même que cette farceuse de baronne ?... Flambés alors les trois cents francs... (Haut et rendant le billet.) Mais il y a l'adresse dessous... rue Neuve-Bréda, 6.

Mᵐᵉ TRUCHOT, nouant au fond ses nippes en paquet.

Ah ! ouiche, fausse adresse... cours après !... Faudrait avoir les jambes du télégraphe pour attraper ces princesses-là... Mais le père Vincent l'usurier, dit vingt pour cent, m'a promis des renseignemens, et il faudra bien que je la retrouve, c'te mauvaise pratique de mame Jules..... Cent écus !... écoutez donc, c'est une somme !... ça ne se trouve pas sous les pavés.

DINA, très vite.

Je ne les ai jamais trouvés sous aucun pavé.

Mᵐᵉ FRONTIGNAN.

Laissez donc, dans la friperie vous faites toutes des affaires d'or.

Mᵐᵉ TRUCHOT.

On vivote, chère amie, on vivote... et v'là tout... Tenez, voilà votre somme.

ÉLÉONORE, en dehors. — Il chante :
Hélas ! il a fui comme un ombre.

DINA, aux jeunes filles.

Ah! c'est la voix de mon petit provincial.

(Les jeunes filles remontent.)

Mᵐᵉ TRUCHOT, à Mᵐᵉ Frontignan.

Allons, je vois que ces enfans ont envie de s'a-
muser... je m'en vas... Bonsoir la compagnie...
j'emporte mon paquet, et ben du plaisir.

TOUTES.

Allons, bonsoir, mère Truchot, bonsoir!

Mᵐᵉ TRUCHOT, sort par le magasin en répétant :

On vivote, voilà tout... on vivote.

AIR : Paris la nuit. (Poule.)

C'est fini,
Nous v'là maîtress'ici.
Souper, danse,
Quell' bombance !
On pourra s'en donner à loisir,
Nous allons nous divertir !

DINA.

J'vas chercher mon jeune homme,
Qui chant' sur l'escalier,
Tout à l'heur' vous allez voir comme
De bonheur il va s'extasier.

(Elle ouvre la porte du fond et va chercher Éléonore.)

TOUTES.

C'est fini, etc.

SCÈNE VII.

LES MÊMES, ÉLÉONORE.

(Les jeunes filles sont rangées sur deux files,
Mᵐᵉ Frontignan en tête, près de la porte.)

DINA, tenant Éléonore par la main.

Par ici, par ici, laissez-vous conduire, je suis
votre *Cicéron*.

ÉLÉONORE, entrant, perruque blonde, twine, etc.

Mademoiselle... je suis trop flatté... Dieu! qu'elle
éblouissante réunion !... C'est un corps-de-garde
de jolies femmes !

DINA.

Mesdemoiselles et madame, je vous présente
M. Éléonore Montrichard.

DÉDELLE.

Éléonore! (Faisant la révérence.) Un très joli nom !

ÉLÉONORE.

C'est mon parrain qui me l'a donné, un souve-
nir de sa première passion.

DINA.

De plus, monsieur est avocat *sagiaire*.

ÉLÉONORE, la reprenant.

Stagiaire.

DINA, appuyant.

Eh ben oui! *sagiaire*...

ÉLÉONORE, très-aimable, et appuyant.

Sage-hier, tant que vous voudrez... pourvu que
je ne sois pas forcé de l'être aujourd'hui.

Mᵐᵉ FRONTIGNAN. (*)

Monsieur, vous avez donc bien voulu venir
prendre part à notre petit pique-nique !

DINA, faisant des signes d'intelligence.

Oui, pique-nique! car chacune de nous a apporté son plat.

TOUTES , appuyant.

Ah ! mon dieu , oui , chacune son plat !

ÉLÉONORE , à part.

Et moi qui n'ai apporté que... (Il se montre.) Ah !
Ce n'est pas assez !...

DINA.

Il ne nous manque que du champagne...

(Elle fait signe aux autres.)

ÉLÉONORE.

Du Champagne! (Vivement, à part.) Comme ça,
ça se trouve bien! (Haut.) Mais, mesdemoiselles ,
je ne veux pas qu'il en manque !... j'en paie !...
j'en paie !...

TOUTES , faisant des cérémonies.

Ah ! monsieur !

ÉLÉONORE, insistant.

J'en paie !... c'est convenu.

DÉDELLE , à Dina, à l'avant-scène de gauche.

Il va très bien ton jeune homme !

DINA, bas, sur le même ton.

Il va aller encore bien mieux, tu vas voir. (Haut.)
Si nous *buvassions* un verre de *punche*... Monsieur
Éléonore , vous en accepterez bien un verre , il
est fait par mes mains propres ?

(Elle va à la table.)

ÉLÉONORE , gracieusement.

J'en accepterai même plusieurs verres.

Mᵐᵉ FRONTIGNAN.

Monsieur n'est pas de Paris ?

ÉLÉONORE, avec aplomb.

Non, madame... mais j'adore Paris... j'idolâtre
Paris... J'y ai fait les plus belles connaissances...
Je mitonne même en ce moment un mariage
superbe !...

DINA , lui donnant le verre.

Comment! vous allez vous marier !... vous ne
me l'aviez pas dit...

ÉLÉONORE , à part.

Dieu ! que je suis inconséquent !

DINA.

Et avec qui donc ?

ÉLÉONORE , à part.

N'allons pas compromettre le nom de la comtesse de Stuart. (Haut, en s'excusant.) Oh ! un
mariage d'argent, de raison...

(Il s'approche de Dina.)

* Jeunes filles , Dina, Éléonore , Frontignan , Jeunes
filles.

DINA , en élevant les bras.

Ah ! si j'avais su ça !... (Elle lui fait lever le coude
et le punch se renverse sur sa robe.) * Grand Dieu !
ma robe !...

DÉDELLE.

Ah ! monsieur, qu'avez-vous fait ?... Vous dé-
chirez son cœur et tachez sa robe !...

ÉLÉONORE.

Que dites-vous !... j'ai taché son cœur... et j'ai
déchiré....

DINA , assise et se désolant.

Ma robe !... ma plus belle robe !... la seule que
j'eusse pour m'habiller !...

ÉLÉONORE , avec embarras.

Mademoiselle , je suis au désespoir...

Mme FRONTIGNAN * , à haute voix.

Ne pleure pas , ma chérie... tout peut se répa-
rer... j'ai justement là , en magasin... une étoffe
ravissante.,. toute en soie... et moitié coton...

DINA.

Ah ! je ne m'en consolerai jamais !

Mme FRONTIGNAN.

Elle y tenait tant, monsieur...

ÉLÉONORE , la tirant par sa robe.

Madame... madame... combien l'étoffe ?

Mme FRONTIGNAN.

Mais , monsieur, Dina ne souffrira pas...

ÉLÉONORE , bas.

Je veux la payer, madame , je vous en prie , en
grâce...

Mme FRONTIGNAN , bas.

Soixante francs , monsieur, c'est pour rien !

ÉLÉONORE , un peu étonné , mais se remettant.

Ah !... c'est... pour rien !.. Les voilà, madame !..
Vous offrirez cette robe à mademoiselle , pour ré-
parer ma maladresse...

DINA , s'essuyant les yeux.

Ah ! monsieur, c'est bien délicat et je suis bien
sensible... (A part.) Je savais bien que j'aurais
une robe neuve.

L'OUVREUSE.

Je crains que la mienne n'ai été z'éclaboussée
z'aussi.   (Éléonore lui tourne le dos brusquement.)

Mme FRONTIGNAN.

Allons , mesdemoiselles , mettez le couvert...
Monsieur Éléonore nous aidera.

ÉLÉONORE.

Oui... oui... ça m'amusera...

(Elles avancent la table du fond au milieu du théâtre,
et disposent tout pour le souper, ce qui forme un
tableau très animé.)

AIR : Du roi d'Yvetot.

Allons, dépêchons,
Et préparons

* Il est nécessaire que le verre soit vide, pour ne pas
gâter la robe de l'actrice.   (NOTE DES AUTEURS.)
** Jeunes filles, Dina, soutenue par Dédelle, madame
Frontignan, Éléonore.

Tout le ménage ;
Allons, dépêchons,
Mettons la table et nous rirons !
Allons, dépêchons,
Et travaillons
Avec courage ;
Allons, dépêchons,
Nous souperons
Et nous rirons.

DÉDELLE.

Tenez, prenez donc
Ce pâté, cette oie.

DINA.

Portez ce jambon
Et ce saucisson.

DÉDELLE.

C'est pis qu'un baudet,
Sous la charge il ploie.

ÉLÉONORE.

J' dois me fair' l'effet
D'un fameux buffet...

DINA, interrompant l'air.

Eh bien, et le champagne ?...

ÉLÉONORE.

Ah ! c'est vrai, je cours le chercher... Combien
de bouteilles ?

DINA.

Ah ! n'allez pas faire de folies...

L'OUVREUSE.

Autant que de personnes, ce sera assez.

ÉLÉONORE, regardant la compagnie et comptant.

Ah ! autant que de...

TOUTES.

Oui, ce sera assez.

ÉLÉONORE, à part, et comptant sur ses doigts.

Je crois, dans le fait, que ce sera assez.

(Il sort par le fond.)

REPRISE DU CHOEUR.

Allons, dépêchons, etc.

(Les jeunes filles mettent le couvert.)

SCÈNE VIII.

LES MÊMES, excepté ÉLÉONORE.

DINA, mettant le couvert.

N'est-ce pas qu'il est très gentil, mon petit provincial, et bien dressé ?...

Mme FRONTIGNAN.

Certainement, et tu as très bien fait de l'a-
mener...

L'OUVREUSE, mettant le couvert.

On en conserve en bocal qui le sont moins que
ça. .

DINA.

Pourquoi que vous n'avez pas aussi invité c'te pauvre mère Truchot?...

Mme FRONTIGNAN.

Ah ben! oui, la mère Truchot!... Elle pense bien à s'amuser... elle court pour son billet...

DINA.

Eh bien, j'ai bien peur qu'ils ne soient fricassés, ses trois cents francs...

Mme FRONTIGNAN.

Pourquoi donc ça?...

DINA.

Ah! j'nai pas voulu l'lui dire, mais j'ai dans l'idée que sa mauvaise paie n'est autre qu'une certaine baronne de Brouck... baronne à trente-six compartimens, qui se faisait aussi appeler Mme Jules...

DÉDELLE.

Qu'est-ce que c'est que ça?... la baronne de Brouck?...

DINA.

Comment! vous ne connaissez pas la baronne de Brouck?... Mais dans Paris on ne parle que de ça... La baronne qui a refait au même le fameux agent Lecoq, à *Badine*.

DÉDELLE.

A *Badine*?...

DINA.

Oui, *Badine*-Baden... un endroit où l'on va prendre des eaux pour le corps...

L'OUVREUSE, très pincée.

Des eaux de *Badine*, pour le corps!... j'n'aimerais pas ça...

Mme FRONTIGNAN.

Eh bien! mais qu'est-ce qu'elle a fait, ta baronne de Brouck?...

DINA.

Figurez-vous qu'elle était à *Badine*, où elle emblêmait son monde, avec un tas de fla-fla, lorsque l'agent Lecoq, un fin ot de la police, se dit un jour comm' ça : Est-ce que c'te farceuse de baronne là-bas, ne serait pas la même qui, sous le nom de Mme Jules, à Dieppe, nous a fait ce vol de diamans, où nous n'avons vu que du feu?... Là-dessus il écrit à l'hôtel de *Badine* : Mettez la princesse sous cloche, et ne la lâchez pas, que je ne tombe chez vous!... Et il prend la poste... En effet, au milieu de la nuit, l'hôtel de *Badine* est réveillé en sursaut... Flic-flac!... c'est l'agent Lecoq! accompagné de plusieurs autres... On prend la dame au saut du lit... Je vous arrête au nom de la loi!... En route, la belle, et fouette cocher...

DÉDELLE.

Eh bien?... la v'là pincée!...

DINA.

Vous allez voir... Une heure après, autre boulvari... Un autre agent se présente... Je suis Lecoq!

DÉDELLE.

Encore!...

DINA.

Celui-là, c'était le vrai Lecoq; le premier n'était que d'la frime... un compère de la dame qui avait senti le coup... la farce était jouée, les oiseaux dénichés, et Lecoq... était le dindon...

TOUTES.

Ah! ah! le tour est bon!

DÉDELLE.

Ah! ce pauvre M. Lecoq, devait-il chanter jaune!...   (On frappe au fond.)

DINA.

Ah! voici le champagne.   (Elle va ouvrir.)

SCÈNE IX.

LES MÊMES, Mme STUART, voilée, JEUNES FILLES groupées des deux côtés, DINA.

TOUTES, étonnées.

Une dame!...
     (Mme Stuart relève son voile et fait le tour.)

Mme FRONTIGNAN.

Que vois-je!...

DINA, s'écriant.

C'est Palmyre!   (Silence.)

Mme STUART.

Eh bien, quel accueil?... Est-ce que je suis un trouble fête?

Mme FRONTIGNAN, d'un ton composé.

Ah! madame Stuart, c'est une si aimable surprise!...

DÉDELLE, saluant.

Et nous nous attendions si peu à l'honneur...

Mme STUART.

Ah ça! est-ce que vous vous moquez de moi?... Madame Stuart!... l'honneur!... Qu'est-ce que c'est que ce ton-là?... Des révérences... des cérémonies!... avec moi... avec Palmyre!...

Mme FRONTIGNAN.

Dame!... c'est qu'à présent...

Mme STUART, avec une fausse bonhomie.

A présent, comme toujours... Entre nous, je ne veux être que Palmyre... votre amie... votre ancienne camarade...

     (Elle leur tend la main.)

DINA, courant à Mme Stuart et lui prenant les mains.

Et allez donc!... Je savais bien, moi, qu'elle n'était pas fière et qu'elle viendrait...

Mme FRONTIGNAN, à part.

Comme elle fait sa bonne, Mme la baronne.

Mme STUART, passant devant Dina.

Et d'abord, Frontignan, voilà qui te prouvera que je n'ai pas oublié la sainte Perpétue.

     (Elle lui donne une boîte.)

Mme FRONTIGNAN, l'ouvrant.

Ah! le joli camée!...

TOUTES.

Un camée!... un camée!... Voyons donc?...

*(Mme Frontignan le lcur donne et va près de
Mme Stuart qui est seule à gauche.)*

Mme FRONTIGNAN.

Ah! Palmyre, je suis bien sensible... à ton camée...

Mme STUART.

Fi donc! ça n'en vaut pas la peine... Mais, à
propos, tu pourras peut-être me rendre un petit
service...   *(Elle cherche dans son sac.)*

Mme FRONTIGNAN, à part.

Ah! je commence à comprendre qu'on n'ait pas
oublié ma fête...

Mme STUART, lui donnant un papier.

Tiens!... c'est une traite de dix mille francs
que je voudrais toucher tout de suite...

Mme FRONTIGNAN.

Dix mille francs!... Et où veux-tu que je les
prenne?...

Mme STUART.

Où tu voudras... mais il me les faut à tout
prix...

Mme FRONTIGNAN.

A tout prix... C'est différent... Alors tu les
auras demain... Ah! ça, tu vas souper avec nous?...

(Les jeunes filles se rapprochent.)

Mme STUART.

Impossible! je suis dans les embarras d'un dé-
ménagement.

Mme FRONTIGNAN.

Ah! tu déménages encore.

Mme STUART.

Et ma fille Juliette est seule à la maison...

Mme FRONTIGNAN.

Juliette!... Tu l'as donc retirée de sa pension?...

Mme STUART.

Depuis quinze jours elle est avec moi, et demain, pour elle, je donne un grand bal!...

TOUTES.

Un bal!...

Mme STUART.

Où je vous invite toutes, car j'ai besoin de jolies femmes!...

TOUTES.

Vive Palmyre!... *

AIR : des Amours de Michel et Christine. (Mlle Loïsa
Puget. — Album de 1844.)

Mme STUART.

PREMIER COUPLET.

Mon bal, je l'espère,
Sera très flambant.

TOUTES.

Ah! c'est charmant! *(ter.)*

DINA.

Ça s'ra, donc, ma chère
Un chic étonnant!

TOUTES.

Ah! c'est charmant! *(ter.)*

Mme STUART.

On pass'ra des crèm's et des glaces,
Des sandwich et du chocolat;
Des bonn's bavarrois's dans des tasses,
De la brioche et du nougat,
Du punch au rhum et du baba!...

DINA, très lentement.

Puis, après ça, l'on sou—pe—ra!... *

TOUTES, joyeusement.

Ah! ah! ah! comm'tout ça nous va!
L'on s'ennoblira, l'on se carrera.
Ah! ah! ah! comm' tout ça nous va!
A ce bal, j'voudrais être déjà!

Mme STUART.

Et attention à la tenue, car j'aurai un duc...

DINA.

Un duc pour de vrai?

Mme STUART, avec hauteur.

Certainement.

DINA.

Fichtrrre!... quel genre super-co-quen-tieux!..

Mme STUART.

DEUXIÈME COUPLET.

En grande toilette,
Chacune sera.

TOUTES.

Ah! ça nous va! *(ter.)*

DINA.

On fera sa tête,
On se carrera.

TOUTES.

Ah! ça nous va! *(ter.)*

DINA.

On prendra des titr's à sa guise...
On se fera dam' du grand ton,
L'un' sera duchesse ou marquise,
L'autre sera veuv' d'un baron...
Des noms en *ak*, des noms en *off*,
(Avec emphase.)
Des noms d'un genre chochnosoff!...

(Parlé.) Moi, je prendrai mon petit nom de
voyage.

TOUTES.

Compris.

---

* Si l'actrice qui remplira le rôle de madame Stuart
ne chante pas, c'est Dina qui chantera le couplet, avec ce
changement :

Le bal de Palmyre
Sera très flambant,
Ça c'sera, j'os' le dire, etc.

(NOTE DES AUTEURS.)

---

* Jeunes filles groupées des deux côtés, Dina.

DINA.

N, i, ni, fini !

TOUTES, étendant la main.

Biribi !...

TOUTES, dansant et prenant des airs.

Ah ! ah ! ah ! comm' tout ça nous va !
L'on s'ennoblira, l'on se carrera,
Ah ! ah ! ah ! comm' tout ça nous va !
A ce bal je crois être déjà !

(A la fin, elles restent en attitude et forment des groupes.—On frappe.)

Mme FRONTIGNAN.

Ah ! pour le coup, c'est notre jeune homme !...

Mme STUART.

Un jeune homme ! je me sauve !... Surtout, Frontignan, n'oublie pas ma traite...

Mme FRONTIGNAN.

Sois tranquille.

Mme STUART.

A demain !...

TOUTES.

A demain !...

LES MÊMES, ÉLÉONORE, au fond, portant à chaque main un panier de champagne et un homard sous chaque bras.

Mme STUART, à part.

Ciel !... M. Éléonore !...

(Elle se voile vivement, le salue en passant, et s'esquive par le fond.)

ÉLÉONORE, embarrassé.

Une dame !... Et je ne peux pas lui rendre son salut..... Mesdemoiselles..... aidez-moi..... je succombe...

DINA.

Voilà... voilà...   (Elles courent l'aider.)

Mme FRONTIGNAN, lisant la traite.

Que vois-je !... signé Montrichard !... Ah bah ! est-ce que ce serait là ce beau mariage !... (Riant.) Ah ! ah ! la farce serait bonne...

DÉDELLE, aidant Éléonore à se débarrasser.

Quinze bouteilles de champagne !...

DINA, élevant en l'air les homards et les agitant de chaque main.

Et deux z'homards !... Ah ! ça mérite les honneurs du triomphe !

TOUTES.

Oui, oui, le triomphe !...

ÉLÉONORE, qui est au milieu de la table.

Un triomphe... Ah ! mesdemoiselles, je m'en défends, je m'en défends !...

(On débouche le champagne.)

TOUTES, tendant leurs verres.

A la santé de monsieur Éléonore !...

ÉLÉONORE, saluant de tous côtés.

Ah ! mesdemoiselles !...

DINA court monter sur une chaise placée derrière Éléonore, et le couronne avec les lauriers du jambon, en criant à tue-tête :

Aux vertus de M. Éléonore !...

(Elle fait la Renommée. Éléonore relève la tête ; la couronne lui tombe sur le nez, et le rideau baisse pendant le chœur suivant.)

AIR : Ronde de Saint-Antoine. (Le Jeune Homme charmant.)

Quel plaisir (*bis*) d'être à table !
Un repas (*bis*) délectable,
Compagnie (*bis*) agréable,
Ah ! vraiment (*bis*)
C'est charmant !

✿✿✿✿✿✿✿✿✿✿✿✿✿✿✿✿✿✿✿✿✿✿✿✿✿✿✿✿✿✿✿✿✿✿✿

ACTE DEUXIÈME.

LA MAISON DE BOUILLOTTE.

Salon très riche, avec table de jeu, etc. Portes latérales et au fond salon d'entrée. Premier plan à droite, boudoir. Deuxième plan, chambre de Mme Stuart. Premier plan, à gauche, porte parallèle au boudoir. Deuxième plan, porte donnant dans un second salon. Entre ces deux portes, grande glace sur une cheminée. Elle doit être très apparente.

SCÈNE I.

UN TAPISSIER, UN MARCHAND de nouveautés, UN ORFÈVRE, achevant la décoration du salon.

CHŒUR.

AIR : C'est l'industrie.

Passer sa vie
A travailler les jours, les nuits,
Voilà l'industrie
Du pauvre ouvrier de Paris.

LE TAPISSIER.

Là.... v'là qu'est terminé... Si vous m'en croyez, vous autres, nous ne sortirons d'ici que nos mémoires soldés. J'ai été refait tant de fois !

L'ORFÈVRE.

A qui le dites-vous ?... C'est mon confrère

Abraham, l'orfèvre du Palais-Royal, qui vient d
l'être refait !... Il avait acheté des diamans volés,
la police les a retrouvés chez lui, et le v'là dans
une fichue affaire.

LE TAPISSIER.

Mais y en a-t'y !... y en a-t'y des floueuses dans
ce satané Paris !.,. et comment les distinguer ?...
Car enfin, rien ne ressemble plus à une femme
honnête, qu'une... D'abord, moi, je ne livre plus
mes meubles qu'au comptant.

TOUS.

Oui, oui, au comptant !   (Gertrude entre.)

SCÈNE II.

LES MÊMES, GERTRUDE.

GERTRUDE, bonnet et accent cauchois.

Messieurs, madame fait dire que vous repassiez
dans un autre moment... Elle a beaucoup de
monde ce soir... et elle est très occupée.

(Murmures des marchands.)

LE TAPISSIER.

Tout ça, tout ça, c'est fort bon... Mais... tiens !..
c'est mamselle Gertrude !... une payse !... une
Bayeuse !

GERTRUDE, joyeuse.

Monsieur Benoît !... c' te rencontre !...

LE TAPISSIER.

Vous êtes donc à Paris ?...

GERTUDE.

Depuis un mois !... et j'suis ben heureuse,
allez !

LE TAPISSIER, en confidence.

Ah ben ! puisque vous voilà, vous allez nous
donner des renseignemens. (Assentiment des marchands. — Plus bas.) Qu'est-ce que c'est que votre
dame, hein ?

GERTRUDE.

Mᵐᵉ Stuart !... Ah ! c'est ça une brave dame !...
et ben respectable !

LE TAPISSIER.

Ah ! vraiment ?

GERTRUDE.

Et bien bonne pour moi !... Et sa demoiselle
donc, un vrai ange du paradis !... (Appuyant.) Ah !
on voit ben tout de suite qui on sert... Aussi j'ai
écrit à mon oncle Thomas que j'étais ici dans la
maison du bon Dieu...

LE TAPISSIER.

Voyez-vous !... Et comme ça, elle voit du beau
monde ?

GERTRUDE.

A connaît tout Paris !... des chevaliers, des ba-
rons, des capitaines... et à c'soir on attend un
duc !... un duc étranger... ça doit être au moins
un prince !... (Mouvement.) Oh ! y ne vient ici que
du monde... (Appuyant.) d'huppé...

LE TAPISSIER, aux autres.

Oh ! ben, alors, nous sommes sûrs de notre affaire... Du moment que mademoiselle Gertrude

nous dit ça, nous pouvons dormir sur nos deux
oreilles... (Assentiment des deux marchands.) Et
puis, cette femme-là peut nous procurer les plus
belles pratiques... (Assentiment des marchands.)
Oui ! oui ! sans adieu, mademoiselle Gertrude...
nous vous laissons toujours nos mémoires.

(Les trois marchands les lui donnent.)

GERTRUDE.

Bien... bien... Sans adieu, monsieur Benoît.

REPRISE DU COEUR.

D' son industrie
Travailler, sans avoir le prix,
Souvent c'est la vie
Du pauvre ouvrier de Paris.

(Il sortent avec Gertrude.)

SCÈNE III.

Mᵐᵉ STUART, sortant de sa chambre, un écrin à la
main, va au fond, regarde par la porte et dit :

Ils sont partis !... (Puis posant l'écrin sur la table.)
Gertrude a été admirable ; décidément les com-
pères de bonne foi sont encore les meilleurs...
(Regardant autour d'elle avec satisfaction.) Allons,
mon nouvel appartement est décoré avec assez de
goût, et digne, je crois, de recevoir un duc !...
Réfléchissant.) Mais Villaflor l'amènera-t-il ?... J'ai
toujours peur qu'il ne se doute de quelque chose...
(Souriant.) ce bon chevalier !... mon ami dévoué !...
S'il allait deviner mes projets sur le duc de Belmonté, lui qui s'est mis en tête d'épouser Juliette,
depuis le petit service qu'il m'a rendu à Baden !...
J'ai été forcée de la lui promettre... (Souriant.)
La lui promettre, cela n'engage à rien... (Sérieuse.)
mais la lui donner... Ni à lui, ni à d'autres, tant
que Juliette n'aura pas ses dix-huit ans accom-
plis... (Plus bas.) Alors, et sans lui faire connaître
mon secret, je pourrai m'emparer enfin de cette
fortune, qu'un acte notarié lui assure à cet âge...
Ce soir, je veux qu'elle paraisse dans tout l'éclat
de sa beauté... je veux que le duc soit ébloui, en-
ivré !... (Avec mystère.) Et alors qui pourra recon-
naître dans madame Stuart, belle-mère d'un duc,
cette madame Jules, personnage devenu presque
imaginaire, à force d'adresse et de précautions...
Ah ! ce serait un beau rêve !... Et pourquoi un
rêve ?... Allons, du sang-froid, de l'audace et un
peu de confiance dans cette étoile qui ne m'a jamais abandonnée...

SCÈNE IV.

Mᵐᵉ STUART, VILLAFLOR.

VILLAFLOR, entr'ouvrant la porte du premier plan
à gauche. Il a une barbiche.

Vous êtes seule ?

Mme STUART, souriant pendant toute la scène.

Oui... Entrez donc... Vous avez l'air d'un conspirateur.

(Mme Stuart, excepté quand elle est seule, a toujours le sourire sur les lèvres.)

VILLAFLOR, entre soucieux, jusqu'à : Je m'incline.

Mauvaises nouvelles!

Mme STUART, sérieuse.

Le duc de Belmonté ne viendra pas?

VILLAFLOR.

Il viendra... j'ai sa parole.

Mme STUART, à part.

Ah! (Haut.) Vous m'avez fait une peur!

VILLAFLOR, très affairé.

Il s'agit bien d'autre chose... (Bas.) Le courtier Abraham est arrêté.

Mme STUART, légèrement.

Eh bien?

VILLAFLOR, très bas.

On a saisi chez lui les diamans de Dieppe que nous lui avions vendus.

Mme STUART, même jeu.

Que nous importe!... ils sont payés!

VILLAFLOR.

Vous oubliez les quarante mille francs de billets qui complétaient la somme, et qu'il avait faits à l'ordre de Mme Jules... Si Abraham ne paie pas, ceux qui les ont entre les mains, auront recours...

Mme STUART, l'interrompant.

Contre Mme Jules?... (Avec aplomb.) Elle n'existe pas.

VILLAFLOR, avec une légère impatience.

Mais on peut déposer ces billets au parquet, et ceux qui vous ont devinée à Baden, pourront bien vous deviner à Paris.

Mme STUART.

Je les en défie! La baronne de Brouck, à Bade, était brune et d'origine allemande... (Souriant.) Mme Stuart à Paris est blonde, et d'origine anglaise... (Souriant.) Ils ont perdu la trace...

VILLAFLOR.

Je vous dis que je ne suis pas tranquille... Que la moindre imprudence peut nous perdre et qu'il vaudrait mieux quitter Paris.

Mme STUART, avec légèreté.

Quitter Paris!... au milieu de l'hiver, des bals, des fêtes... Y pensez-vous, chevalier?

VILLAFLOR, appuyant.

Eh bien, alors, il faut se procurer des fonds, rechercher les lettres de change, les payer et les anéantir.

Mme STUART, réfléchissant.

Vous avez raison... ce serait plus prudent... Mais où trouver quarante mille francs?... Je n'ai pas la baguette d'une fée...

VILLAFLOR, se rapprochant d'elle en souriant et en confidence.

Vous avez tant d'esprit... et M. Éléonore Montrichard (Appuyant.) est si obligeant... Ah! à propos

(Et reprenant son air sombre.) Encore une mauvaise nouvelle... M. Montrichard l'oncle est à Paris.

Mme STUART, souriant.

Ah!... Bonne nouvelle, au contraire! Où l'avez-vous vu?

VILLAFLOR.

A la Rotonde du Palais-Royal, où il est tombé, en débarquant de Villeneuve-sur-Yonne. — C'est un gros campagnard, très infatué de lui, de son mérite, parlant haut, toussant fort, contant ses affaires à tout le monde, faisant sonner à tout propos ses bois, ses chantiers, sa position de capitaliste...

Mme STUART, souriant.

Eh! mais... ce caractère me plaît fort, et je serai enchantée de faire sa connaissance.

VILLAFLOR, avec impatience.

Mais vous ne savez donc pas qu'il est furieux contre M. Éléonore, qu'il n'a pas encore vu, et surtout contre vous... Il vous accuse de l'avoir entraîné, séduit... Il ne parle que de tout briser, de tout casser...

Mme STUART, souriant.

Mon mobilier est assuré.

VILLAFLOR, avec intention.

Et M. Éléonore dit partout que vous lui avez promis la main de Juliette.

Mme STUART.

Il dit vrai.

VILLAFLOR, sombre.

Comment?

Mme STUART, souriant.

En échange de sa traite, il fallait bien lui promettre quelque chose...

VILLAFLOR, avec galanterie.

Vous avez toujours raison... Et je m'incline devant la supériorité de ce génie que rien n'arrête... que rien n'étonne... qui séduit l'un avec un sourire, fascine l'autre avec son esprit, apprivoise les plus indomptables, et marchant à son but à travers mille intrigues, qui se croisent et se heurtent, se joue de toutes les difficultés, triomphe de tous les obstacles .. et force l'admiration de ceux mêmes qu'il a renversés sur son chemin.

Mme STUART.

Ah! chevalier, vous me flattez!...

VILLAFLOR, changeant de ton et légèrement.

Ah! j'oubliais, prêtez-moi donc une trentaine de napoléons, pour ouvrir le jeu... (Mouvement de Mme Stuart.) Je n'en ai pas sur moi... et chez moi, j'ai dans l'idée... que je n'en ai pas davantage...

Mme STUART, lui donnant sa bourse.

Cela fera cent que vous me devrez.

VILLAFLOR.

C'est le duc qui les paiera, ce soir, car il perd en grand seigneur, ce cher duc! avec un laisser-aller et une bonne foi ravissantes! Ah! c'est une véritable poule aux œufs d'or, que je vous ai trouvée là!...

Mme STUART, vivement.

Taisez-vous donc !... (Grave et plus bas.) Juliette peut nous entendre... à présent que je l'ai retirée de pension... Vous oubliez toujours que c'est un témoin dangereux... un espion de tous les momens, que nous avons avec nous.

VILLAFLOR.

Il dépend de vous d'en faire un allié.

Mme STUART, légèrement.

Toujours cette idée !

VILLAFLOR, avec résolution.

J'y tiens plus que jamais, et j'ai votre parole. Pourquoi retarder mon bonheur et ne pas me la donner tout de suite ?

Mme STUART.

Non... J'ai mes raisons pour attendre encore. .
(Elle remonte.)

VILLAFLOR, à part.

Et moi, j'ai les miennes pour me presser... Et il faudra bien que tu y viennes !...

Mme STUART, vivement.

Taisons-nous, je t'entends !

SCÈNE V.

LE CHEVALIER, JULIETTE, Mme STUART.

JULIETTE, entrant en courant par le deuxième salon,
à gauche.

Maman, maman !...
(Elle s'arrête interdite un peu au fond, en voyant le chevalier. Elle est très gaie et très ingénue pendant tout le premier acte.)

VILLAFLOR, lorgnant.

Charmante ! adorable !...

Mme STUART.

Qu'y a-t-il donc ?... Que me voulez-vous, Juliette ?

JULIETTE.

Maman, c'est le capitaine Lambert...
(Elle remonte.)

VILLAFLOR, descendant.

Le capitaine !... je me sauve... (Bas.) N'oubliez pas votre promesse !...

Mme STUART, fausse.

Mais ayez donc un peu de confiance !...

VILLAFLOR, très gracieux.

Entière confiance !... (A part.) Mais je te surveillerai !
(Le capitaine paraît, Villaflor le salue profondément, le capitaine lui rend à peine son salut.)

SCÈNE VI.

JULIETTE, LAMBERT, Mme STUART.

JULIETTE, gaîment.

Soyez le bien-venu, capitaine.

LAMBERT, la baisant au front.

Ah ! c'est toi, mon enfant... J'aime mieux rencontrer ta jolie figure, sur mon chemin, que la mine sournoise de ce chevalier... d'industrie !...
(Il regarde au fond.)

Mme STUART, minaudant.

Toujours des préventions, capitaine !... Le chevalier est d'une très bonne famille (Appuyant.) du Poitou... J'ai beaucoup connu sa sœur... qui était chanoinesse.

LAMBERT, s'emportant, et avec rudesse.

Qu'il ait une sœur chanoinesse, qu'il soit d'une bonne famille... du Poitou, ou du diable !... je vous dis que c'est un homme sans mœurs, sans délicatesse... peut-être pis encore ! et que je ne serai content, que quand vous l'aurez mis à la porte.

JULIETTE.

Ah ! mon Dieu ! voilà qu'il gronde maman...

Mme STUART, le mouchoir sur les yeux.

En vérité, capitaine, vous êtes bien sévère !

LAMBERT, vivement.

Et vous pas assez dans le choix des personnes que vous recevez... (Silence. Voyant qu'elle pleure.) Mais voyons.. faisons la paix, car je suis bien maladroit de vous gronder aujourd'hui... Je viens en solliciteur... il s'agit d'un amoureux... d'un mari pour Juliette...

JULIETTE, avec indifférence.

Un mari pour moi !...

LAMBERT.

Oui ; est-ce que ça te fait peur ?...

Mme STUART, embarrassée.

Capitaine... Juliette est bien jeune... je ne pense pas à la marier... Elle-même, je crois, n'en a nulle envie...

JULIETTE.

Non ! je ne veux pas me marier...

LAMBERT.

Ah ! bah !... même quand ce prétendu serait comte ?

JULIETTE.

Ça m'est bien égal...

LAMBERT.

Quand il aurait vingt mille livres de rente ?...

JULIETTE.

Je n'y tiens pas...

LAMBERT.

Même s'il s'appelait Fernand de Mendoza ?...

JULIETTE, se retournant vivement.

Hein !... Comment ?... Vous avez dit ?...

LAMBERT.

J'ai dit Fernand de Mendoza... Est-ce que ce nom-là te ferait changer d'avis, par hasard?

Mme STUART, sévère.

Qu'est-ce que cela signifie?...

JULIETTE, baissant les yeux.

Maman... c'est que...

LAMBERT.

Cela signifie que Juliette a connu mon protégé à Versailles, pendant les vacances... Vous étiez alors en voyage... Cela signifie qu'il l'aime, qu'il lui plaît.... Enfin une passion dans toutes les règles...

Mme STUART, à part.

Une passion !

JULIETTE, le tirant par sa basque, et bas.

Mais... mais... comment savez-vous?...

LAMBERT, riant.

Ah ! voilà !... je suis sorcier..... (Revenant à Mme Stuart.) Et je désire, ma chère amie, vous présenter mon jeune protégé.

Mme STUART, avec embarras.

Mais, capitaine, je ne puis recevoir un jeune homme.... dont je ne connais ni le caractère, ni la position !...

JULIETTE, à part.

Ah ! mon Dieu !... elle va refuser. (Poussant Lambert.) Mais parlez donc... parlez donc !...

LAMBERT.

Quant au caractère, j'en réponds... C'est un bon et noble jeune homme.

JULIETTE, vivement.

Oh ! pour ça, c'est bien vrai?

LAMBERT.

Et quant à la position, je vous l'ai dit : il est comte.

JULIETTE, vivement.

Il est comte !... je serai comtesse !

LAMBERT.

Et il vient d'hériter de vingt mille livres de rente.

(Mouvement très marqué de Mme Stuart.)

JULIETTE, naïvement.

Vingt mille livres de rente ! (Changeant de ton.) Ah ! maman, on ne peut pas trouver mieux...

LAMBERT.

Oui, mon enfant... et j'en suis d'autant plus certain, que je suis allé avec lui, aujourd'hui, chez plusieurs banquiers, où il a touché le montant de la succession... Ah ! quand je présente un mari, moi, c'est du solide !

JULIETTE, câlinant.

Vous voyez bien, maman, qu'il n'y a pas le moindre danger.

LAMBERT.

Eh bien ! voyons, que décidez-vous?

Mme STUART, très aimable.

Si je vous refuse, vous croirez que je boude encore... Puisque vous le désirez... que Juliette le désire... qu'il vienne donc.

JULIETTE, sautant de joie.

Oh ! maman ! que vous êtes bonne !

(Elle lui baise la main.)

ENSEMBLE.

AIR : Poule de la Jolie fille de Gand.

Mme STUART.

A cette fête je l'invite.
Partez donc à l'instant,
Mais revenez encor plus vite;
Songez qu'on vous attend.

JULIETTE, à part.

Ah ! de plaisir mon cœur palpite !
Il vient dans un instant !
(A Lambert.)
Revenez avec lui, bien vite ,
Songez qu'on vous attend !

LAMBERT.

Je vais lui dire qu'on l'invite.
Ah ! qu'il sera content !
Pour l'amener, je pars bien vite,
Et reviens à l'instant.

Mme STUART, allant prendre l'écrin sur la table.

Et vous, mettez, ma Juliette,
Cet écrin pour toilette.

JULIETTE, sautant de joie.

Ah ! quel bonheur !... je vais ici,
Etre belle pour lui!...

REPRISE DE L'ENSEMBLE.

(Lambert sort par le fond. Juliette entre dans le salon à gauche.)

Mme STUART, avant de rentrer dans sa chambre, dit à Gertrude, qui entre par le fond :

Gertrude, qu'on allume partout; et si l'on venait me demander, je suis à ma toilette.

(Elle rentre.—Deux domestiques apportent des flambeaux, qu'ils placent sur les tables de jeu, puis des candelabres qu'ils pendent aux portes du salon.)

SCÈNE VII.

GERTRUDE, puis ÉLÉONORE.

GERTRUDE, disposant les meubles.

Là... cette table ici... les flambeaux, les cartes surtout... C'est que madame m'a bien recommandé de ne rien oublier... (Revenant à la cheminée de gauche.) Ah! les candelabres!... Bien, ils y sont. (Regardant dans la glace.) Tiens! qu'est-ce que je vois donc là?... un homme dans le boudoir de madame.

ÉLÉONORE, entrant par la porte du boudoir.

Mme de Stuart et sa fille?

GERTRUDE, se retournant vivement.

Mais, monsieur, comment donc que vous v'là par-là ?

ÉLÉONORE.

Pardon, mais j'ignore les êtres.... il y a une heure que je tourne... Mme de Stuart et sa fille ?...

GERTRUDE.

Monsieur, ces dames sont à leur toilette.

ÉLÉONORE.

Ah ! je sais bien que je viens trop tôt, et que ce n'est pas bon genre... mais je peux attendre, la bonne, je peux attendre.

GERTRUDE, avançant un fauteuil à gauche.

Assisez-vous, monsieur, assisez-vous.

(Elle sort.)

ÉLÉONORE, seul.

Je n'étais pas fâché de voir Mme de Stuart, pour lui glisser quelques mots au sujet de... la traite que je lui ai prêtée, et dont elle ne me parle plus... Ah ! me suis-je amusé cette nuit !... en ai-je bu du Champagne, en ai-je bu !... (Changeant de ton.) Il est vrai que je l'avais payé !... Ces petites commerçantes étaient fort piquantes ! surtout la marchande de cravates... Elle avait un ovale !... et un petit nez !... qui me revenait beaucoup... (Il se lève.) Et Juliette, mon adorable Juliette !... (Changeant de ton.) Ceci est un autre genre... genre timide et naïf... que j'apprécie... que j'apprécie... mais, pour être ma femme. (Il réfléchit, puis, après un silence, il s'écrie :) Polisson !...

AIR du Château de Popernick. (Henri Potier.)

Depuis que je suis à Paris,
Grand Dieu ! que d'excès j'ai commis !
Plus d'une fois l'on m'a vu gris ..
Rarement, quand je dîne en ville.
Je retrouve mon domicile...
    Tous les jours,
    Au lieu d'aller suivre mes cours,
Je me promène et ne songe qu'à mes amours.
    Et du moindre jupon qui passe,
    Je voudrais courir sur la trace...
    Voilà comme je me conduis
    Depuis que je suis à Paris. (bis.)

Ah ! bah ! comme dit mon parrain, on n'est jeune que pendant une cinquantaine d'années, il faut en profiter ! (Il s'assied sur un fauteuil qui est près du boudoir.) Ah ! s'il savait la vie que je mène à Paris... mon parrain... qui est aussi mon oncle, et qui me sert de père... depuis que j'ai perdu ma mère... c'est pour le coup qu'il m'enverrait sa malédiction !... sous enveloppe... non affranchie !... (Montrichard paraît à la porte du fond et fait un mouvement en voyant son neveu ; il le menace de sa canne, puis il descend en l'écoutant.) S'il savait que j'ai une twine, car j'ai une twine !... et que j'ai mangé les trois paletots qu'il a payés, en soupers fins, en cigares à vingt-cinq centimes... et en petits verres de toutes

les couleurs... (Riant.) Ah ! ah ! ah ! je lui en fais voir de toutes les couleurs... pendant qu'il vend ses bûches, là-bas..... à Villeneuve-sur-Yonne... Il vend toujours ses bûches, de confiance... il vend toujours ses...

(En se roulant sur le fauteuil, il se trouve face à face avec son oncle, qui s'est posé devant lui, sur sa canne.)

MONTRICHARD, avec explosion.

Ah ! je vends mes bûches !...

ÉLÉONORE, dans le fauteuil.

Ciel ! parrain ! je suis cristallisé !...

SCÈNE VIII.

ÉLÉONORE, MONTRICHARD.

MONTRICHARD, furieux, et menaçant Éléonore, qui se sauve derrière la table, près du boudoir.

Ah ! scélérat ! débauché ! sacripan ! voilà donc comme tu fais ton droit !... Tu m'écris que tu travailles jours et nuits !...

ÉLÉONORE.

Parrain, parrain, je vous jure...

MONTRICHARD.

Et tu passes les jours à dormir, et les nuits à courir les spectacles, les bals et les restaurans avec deux intrigantes !... deux bohémiennes !...

ÉLÉONORE.

Ah ! parrain, que dites-vous ? vous calomnie la vertu la plus pure !...

MONTRICHARD, ironiquement.

Elle aura affaire à moi, ta vertu la plus pure ?... Imbécile ! qui donne là-dedans... Mais on ne m'attrape pas, moi !... Ah !... ah !... Je connais mon Paris... comme mes bûches... (Vite.) Les fleurettes, les grisettes, les amourettes... les lorettes, je sais tout ça par cœur... Car, dans mon temps, j'ai fait des folies aussi, moi, monsieur !.... J'ai connu tout ce monde-là, monsieur ! J'ai mangé un argent fou avec la petite... la petite... la petite... (Se retournant vers Éléonore.) Mais fichtre ! monsieur (Changeant de ton.), ce n'est pas une raison pour que vous vous permettiez...

AIR : Quarante-cinq ans.

Je sais les tours, les rus's, les mascarades,
Tout's les bamboch's qui se font à Paris ;
Les femm's ont l'art d'y lancer des œillades,
C'est avec ça que l'on vous aura pris,
C'est avec ça qu'autrefois j'y fus pris !
J' connais les bals, les jeux et les grisettes ;
On me voyait dans tous les restaurans...
(Avec une teinte de fatuité.)
Dans ce Paris, que j'en eus d'amourettes !

ÉLÉONORE, *parlé.*

Vraiment, parrain ?

MONTRICHARD, chantant.

Et c'est pour ça que je vous les défends !

(*Parlé.*) Mais, d'abord, allons au plus pressé... Je t'ai envoyé une traite de dix mille francs, à toucher pour moi.

ÉLÉONORE.

Oui, parrain... oui... (A part.) Je suis bien mal à mon aise.

MONTRICHARD.

L'as-tu touchée ?

ÉLÉONORE.

Pas encore, parrain, pas encore.

MONTRICHARD.

Alors, rends-la moi ; j'irai la toucher moi-même.

ÉLÉONORE.

Ah ! vous voulez... (A part.) Je voudrais être à Constantine.

MONTRICHARD.

Dépêchons... Eh bien, m'entends-tu ?

ÉLÉONORE.

Je vous entends bien... C'est que... (A part.) Je serais moins gêné dans un étui de flageolet !...

MONTRICHARD.

C'est que... quoi !... Ma traite...

ÉLÉONORE, très vite.

Ce matin, Mme Stuart devait toucher une indemnité au ministère...

MONTRICHARD, très vite.

Je m'en fiche !... Ma traite ...

ÉLÉONORE, très vite.

Mais on l'a remise à huit jours... et, comme ça la gênait un peu...

MONTRICHARD, plus fort.

Ma traite, tout de suite !

ÉLÉONORE, balbutiant.

Je la lui ai prêtée... Bien malgré elle.

MONTRICHARD.

Ah ! misérable !... tu as osé !... Je ne sais qui me retient !...

(Il lève sa canne et court sur Éléonore qui fuit autour de la table à gauche ; Mme Stuart sort de sa chambre en magnifique toilette, elle pose en entrant ses gants sur la table qui est près de sa chambre.)

∞∞

SCÈNE IX.

Mme STUART, ÉLÉONORE au fond, MONTRICHARD à l'avant-scène de gauche.

ÉLÉONORE, l'apercevant.

Grand Dieu ! Mme de Stuart !

MONTRICHARD, furieux et sa canne levée.

Elle ! elle !... Où ça ? où ça ?... (En se retournant, il se trouve en face de Mme Stuart et fait deux pas en arrière.) Bigre !... La belle femme !...

(Il reste frappé d'admiration et baisse sa canne.)

Mme STUART, froidement.

Qu'y a-t-il donc, monsieur Éléonore ? et d'où vient tout ce bruit chez moi ?...

ÉLÉONORE, tremblant.

Pardon, pardon, madame... ce n'est pas moi... c'est-à-dire... c'est moi... ou plutôt c'est mon oncle... c'est parrain...

Mme STUART, vivement.

Monsieur votre oncle... chez moi !... et je l'ignorais !... Ah ! je ne vous pardonnerai jamais de ne m'avoir pas prévenue...

MONTRICHARD, brusquement et remettant son chapeau.

Ce n'était pas nécessaire, madame... Je n'avais que deux mots à vous dire, et...

Mme STUART, très gracieuse.

Mais, monsieur, je vous en prie, faites-moi donc le plaisir de vous asseoir...

MONTRICHARD, brusquement, après un temps.

Vous êtes bien honnête, madame, ça n'en vaut pas la peine... Je voulais seulement...

Mme STUART, le regardant.

C'est que je n'aime pas à causer debout.

MONTRICHARD, après un temps.

Allons, madame, comme vous voudrez... (Pendant qu'il prend un fauteuil à gauche, et qu'Éléonore avance celui de droite à Mme Stuart, celle-ci caresse de l'œil M. Montrichard. — A part.) Crristi !... quel œil !... Il n'y a pas son pareil à Villeneuve-sur-Yonne.   (Ils s'asseyent.)

Mme STUART.

Monsieur Montrichard, combien je suis heureuse de vous voir à Paris ! Il y a si long-temps que je le désirais, pour monsieur Éléonore et pour moi... (Très doucereuse.) Monsieur Éléonore... veuillez m'avancer un tabouret, je vous en prie... (Éléonore s'empresse d'apporter un tabouret, sur lequel elle avance son pied avec affectation.)

MONTRICHARD, le regardant.

Fichtrrre ! quel pied !... Ce pied-là doit avoir voiture.

Mme STUART.

Mais, vous paraissiez bien ému, lorsque je suis entrée... Contre qui donc ?... (Avec coquetterie.) Serait-ce contre moi ?

MONTRICHARD, vivement.

Contre vous ! Ah !...

Mme STUART, souriant.

Oui, c'était contre moi... Ne vous en défendez pas... (Avec grâce.) Peut-être eût-il été plus généreux de m'entendre avant de me condamner... (Avec douceur.) Monsieur Éléonore, mes gants, je vous prie.

(Éléonore se précipite et lui apporte les gants qu'elle a indiqués sur la table de jeu, près de sa chambre.)